Für :

....

....

Ab in die Küche, ran an den Herd!
Und heute gibt's:

Die leckersten Drinks

Bon Appétit
wünscht

der kleine
KÜCHENFREUND

Alle Rezepte sind für 2 Personen berechnet,
wenn nicht anders angegeben.

Inhalt

RECRUITS

Alkoholfreie Drinks für Einsteiger

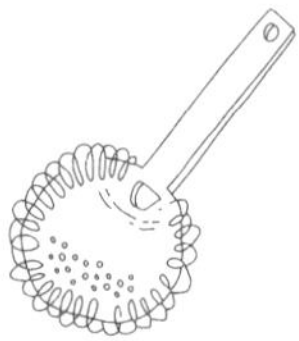

Wassermelonen-Mocktail

600 g entkernte Wassermelone · 300 ml Orangensaft
90 ml Limettensaft · 90 ml Zitronensaft
200 ml Erdbeersaft · Himbeeren

Melone pürieren, durch ein Sieb streichen und in einem Rührglas mit den Säften gut vermischen. In Longdrinkgläser füllen und mit Himbeeren garnieren.

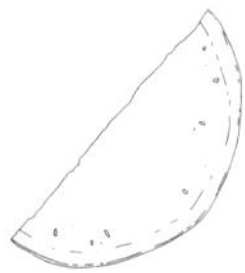

Virgin Gin Tonic

4 Gurkenscheiben · 4 dünne Limettenscheiben
2 Zweige Rosmarin · 2 Spritzer Limettensaft · Tonic Water

Eiswürfel zusammen mit den Gurken- und Limettenscheiben sowie dem Rosmarin in Longdrinkgläser geben. Je einen Spritzer Limettensaft zufügen. Anschließend mit dem Tonic Water auffüllen, gut umrühren und servieren.

Gurke-Minz-Ingwer-Agua Fresca

Für 1 Liter

½ Gurke · 100 ml Limettensaft · 30 g Zucker
5 Minzblättchen · 1 Stk. Ingwer (3 cm)

Gurke in Scheiben schneiden und zusammen mit Limettensaft, Zucker, Minze, Ingwer und 500 ml Wasser in einem Mixer zerkleinern.

Agua Fresca in ein großes Gefäß abseihen, um das Fruchtfleisch herauszufiltern. Danach mit 500 ml Wasser auffüllen und mit Eiswürfeln servieren.

Pfefferminz-Mix

160 ml Orangensaft · 160 ml Grapefruitsaft
80 ml Zitronensaft · 8 cl Pfefferminzsirup
2 dünne unbehandelte Zitronenscheiben
4 Blättchen Minze · Kakaopulver

Orangen-, Grapefruit- und Zitronensaft mit dem Pfefferminzsirup mischen und in zwei große Gläser gießen. Mit der Zitronenscheibe und den Minzblättchen garnieren und mit etwas Kakaopulver bestäuben.

Virgin Bellini

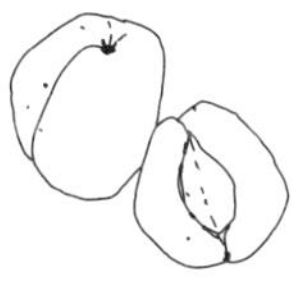

6 Pfirsiche (Dose) · 20 cl alkoholfreier Prosecco
2 Spritzer Grenadine

Pfirsiche pürieren. Prosecco und Grenadine in zwei Sektflöten geben und mit dem Püree auffüllen. Alles vorsichtig verrühren und direkt servieren.

Virgin Cranberry-Fizz

100 ml Zitronensaft · 60 ml Apfelsaft
20 ml Himbeersaft · 80 ml Cranberrysaft
Ginger Ale

In einem Rührglas die Säfte gut mischen und in Tumbler abseihen. Eiswürfel nach Belieben zugeben und mit Ginger Ale auffüllen.

Virgin Colada

1 Sternfrucht · 20 ml Schlagsahne · 40 ml Kokossirup
½ TL Zucker · 200 ml Orangensaft · 160 ml Ananassaft
1 TL Kokoschips · 2 Cocktailkirschen

Sternfrucht in Scheiben schneiden. Sahne, Sirup, Zucker und Säfte in einen Boston Shaker geben. Alles gut mixen und in Cocktailgläser abseihen. Mit Eiswürfeln nach Belieben auffüllen. Mit Sternfrucht, Kokoschips und Kirschen garnieren.

Virgin Frozen Strawberry Daiquiri

250 g Erdbeeren · 30 ml Limettensaft · 3 EL brauner Zucker · 40 ml Orangensaft · 10 ml Ananassaft

Erdbeeren und 10 Eiswürfel in einem Mixer zu Püree verarbeiten. Restliche Zutaten zufügen, mixen und in Margarita-Gläser gießen.

Mango Mojito

120 g Mangowürfel + etwas extra · 1 Limette
3 TL weißer Rohrzucker · 2 Minzstängel + 10 Blättchen
80 ml Mangosaft · 50 ml Limettensaft
8 cl weißer Rum · Sodawasser

Mango mit einem Pürierstab pürieren. Limette heiß waschen, vierteln und in Longdrinkgläser geben. Mit einem Stößel andrücken. Zucker, Minzblättchen und Püree zufügen. Mit Crushed Ice auffüllen.

Saft und Rum mischen und dazugießen. Sodawasser zufügen. Mit Minze und Mango garnieren.

AGENTS
Drink-Klassiker für Profis

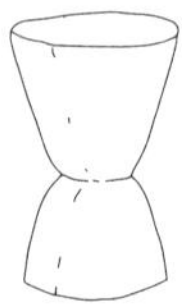

Margarita

Meersalz · 1 Limettenspalte · 9 cl weißer Tequila
2 EL Cointreau · 2 EL Limettensaft

Salz auf einem Teller verteilen. Die Ränder von 2 Martinigläsern mit der Limette anfeuchten und in das Salz tunken. Dann die Gläser für 15 Min. ins Gefrierfach stellen. Anschließend etwas Eis hineingeben, den Shaker ebenfalls zur Hälfte mit Eis füllen. Tequila, Cointreau und Limettensaft zufügen und kräftig schütteln. Den Inhalt gleichmäßig auf die Gläser verteilen.

Manhattan

12 cl Rye Whiskey · 6 cl süßer Wermut
4 Spritzer Angosturabitter

Alle Zutaten in ein Rührglas geben und mit Eiswürfeln auffüllen. Gut umrühren, in zwei gekühlte Gläser abseihen und servieren.

Shoemaker

2 Spritzer Orangenbitter · 6 Himbeeren
2 Orangenscheiben · 3 cl Zuckersirup · 6 cl Sherry
12 cl Whiskey · 2 Minzstängel · 2 Orangen-Twists

Orangenbitter, vier Himbeeren, Orangenscheiben und Sirup in einem Boston Shaker zerstoßen. Sherry, Whiskey und Eiswürfel zufügen und kräftig schütteln. In gekühlte Gläser abseihen und mit zerstoßenem Eis auffüllen. Jeweils mit Minzstängel, Himbeere und Orangen-Twist garnieren.

Stone Sour

20 ml Limettensaft · 20 ml Orangensaft · 9 cl Bourbon
6 cl Zuckersirup · 1 Orangenscheibe

Alle Zutaten bis auf die Orangenscheibe in einen Boston Shaker geben und mit Eis auffüllen. Kräftig schütteln, in gekühlte Tumbler abseihen und mit je einer halben Orangenscheibe servieren.

Tequila Sunrise

10 cl weißer Tequila · 120 ml frisch gepresster
Orangensaft · 2 cl Grenadine · 2 Orangenscheiben
2 Cocktailkirschen

Gläser mit Crushed Ice und Tequila füllen. Vorsichtig mit Orangensaft auffüllen und nicht umrühren. Grenadine zugeben und auf den Boden sinken lassen. Cocktails mit Orangen und Kirschen garnieren.

12th Man Fizz

20 ml Limettensaft · 9 cl Gin · 1,5 cl Apricot-Brandy
3 cl Zuckersirup · 2 Minzstängel + 6 Blättchen · 2 Kiwis
16 Blaubeeren · 9 cl Ginger Beer

Limettensaft, Gin, Brandy, Sirup und Minzblättchen in einen Boston Shaker mit Eis geben und kräftig schütteln. In Longdrinkgläser abseihen. Kiwis schälen, in Scheiben schneiden und mit den Beeren zugeben. Mit Ginger Beer auffüllen und mit Minzstängeln garnieren.

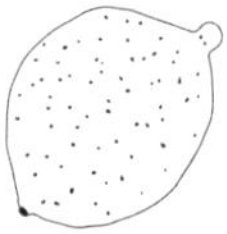

Hanky Panky

9 cl Gin · 9 cl süßer Wermut
4 Spritzer Kräuterbitter · 2 Orangen-Twists

Ein Rührglas zur Hälfte mit Eiswürfeln füllen. Alle Zutaten bis auf die Orangen-Twists darübergeben und umrühren, in gut gekühlte Gläser abseihen und mit Orangen-Twists garnieren.

Black-Eyed Rye

20 ml Limettensaft · 9 cl Rye Whiskey
3 cl Blaubeer-Minz-Sirup · 2 Minzstängel + 10 Blättchen
9 cl Ginger Beer · 6 Blaubeeren

Limettensaft, Whiskey, Sirup, Minzblättchen und Eiswürfel in einen Boston Shaker geben und kräftig schütteln. Cocktail in gekühlte Longdrinkgläser abseihen und mit Ginger Beer auffüllen. Mit je einem Minzstängel und 3 Blaubeeren garnieren.

El Niño

2 Bio-Limetten · 2 Erdbeeren · 4 cl Zuckersirup
12 cl weißer Tequila · 2 Spritzer Rosenwasser
2 Rosenblütenblätter zum Garnieren

Die Limette schälen und vierteln, die Erdbeere putzen und vierteln. Limette und Erdbeere in einen Shaker geben, Zuckersirup, Eiswürfel, Tequila und Rosenwasser zufügen und gut schütteln.

Gläser zur Hälfte mit Eiswürfeln füllen und den Cocktail darübergießen. Mit einem Rosenblütenblatt garnieren.

Dry Martini

15 cl Gin · 3 cl trockener Wermut
2 Spritzer Orangenbitter · 2 Zitronen-Twists

Alle Zutaten bis auf die Zitronen-Twists in ein Rührglas geben und mit Eis auffüllen. Umrühren, bis der Drink gut durchgekühlt ist. In gekühlte Cocktailgläser abseihen und mit je einem Zitronen-Twist garnieren.

Daiquiri

6 cl Limettensaft · 6 cl brauner Rum
3 cl Zuckersirup · 2 Limettenscheiben

Limettensaft in einen Boston Shaker geben. Restliche Zutaten bis auf die Limettenscheiben zufügen und mit Eiswürfeln auffüllen. Gut schütteln und in gekühlte Martini-Gläser abseihen. Mit je einer Limettenscheibe garnieren.

RISK-TAKER

Grandiose Drinks für Risikofreudige

Painkiller

12 cl Rum · 100 ml Orangensaft · 100 ml Ananassaft
60 ml Cream of Coconut · 2 Limettenscheiben
2 Ananasspalten · geriebene Muskatnuss

Rum, Säfte und Cream of Coconut in einen Boston Shaker geben und mit Chrushed Ice auffüllen. Gut schütteln und in hohe Gläser abseihen. Mit dem Obst und Muskatnuss garnieren.

Purple Rain

8 cl Blue Curaçao · 8 cl Wodka
8 cl Grenadine · 4 EL Zitronensaft
4 EL Ananassaft · Zitronenlimonade

Alkoholika mit Grenadine und den Säften in einen Boston Shaker geben, mit Crushed Ice auffüllen und kräftig schütteln. In Tumbler abseihen und mit Limonade auffüllen. Eiswürfel zugeben und servieren.

Hurricane

60 ml Limettensaft · 60 ml Orangensaft · 12 cl weißer Rum · 12 cl brauner Rum · 60 ml Maracujasaft
3 cl Zuckersirup · 3 cl Grenadine · 2 Orangen-Twists

Alle Zutaten bis auf die Orangen-Twists in einen Boston Shaker geben und mit Eis auffüllen. Kräftig schütteln und in zwei hohe, mit frischen Eiswürfeln gefüllte Longdrinkgläser geben. Mit je einem Orangen-Twist garnieren.

Golden Handcuffs

6 cl Wodka · 6 cl trockener Wermut
3 cl Pfirsichlikör · 3 cl Triple Sec · 2 Spritzer Orangenbitter · 2 Limetten-Twists

Alle Zutaten bis auf die Limetten-Twists in ein Rührglas geben und mit Eis auffüllen. Gut umrühren und in zwei mit frischem Eis gefüllte Tumbler abseihen. Mit den Limetten-Twists garnieren.

Negroni

6 cl Campari · 6 cl Gin · 6 cl süßer Wermut
1 Orangenscheibe

Alle Zutaten bis auf die Orangenscheibe in Tumbler geben und mit Eis auffüllen. Umrühren, bis der Cocktail gut durchgekühlt ist. Mit je einer halben Orangenscheibe garnieren.

Bloody Mary

4 Spritzer Worcestershiresoße · 4 Spritzer Zitronensaft
2 Spritzer Tabasco · 2 Prisen Pfeffer · 2 Prisen Salz
200 ml gekühlter Tomatensaft · 10 cl gekühlter Wodka

In einem Rührglas Worcestershiresoße, Zitronensaft, Tabasco und Gewürze verrühren. Tomatensaft und Wodka zugeben. Auf Longdrinkgläser aufteilen und servieren.

Tiefseetaucher

12 cl Overproof Rum · 12 cl brauner Rum
4 cl weißer Rum · 4 cl Cointreau · 4 Barlöffel Puderzucker
2 cl Limettensirup · 80 ml Limettensaft
2 Limettenspalten

Alle Zutaten außer den Limettenspalten in einen Boston Shaker geben und gründlich mixen. Longdrinkgläser mit Crushed Ice füllen und den Cocktail in Gläser abseihen. Jeweils mit einer Limettenspalte garnieren.

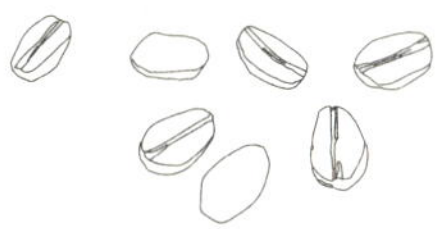

Supercharger

12 cl Wodka · 2 TL Vanillelikör · 4 TL Ingwerlikör
50 ml kalt aufgebrühter Kaffee · 4 TL Schlagsahne

Alkoholika mit dem Kaffee in ein Rührglas geben und mit Eiswürfeln auffüllen. Gut mischen und anschließen in Martini-Gläser abseihen. Jeweils 2 TL Sahne vorsichtig auf die Oberfläche geben, nicht verrühren.

Zombie

2 cl Overproof Rum · 4 cl brauner Rum · 4 cl weißer Rum
4 cl Cointreau · 120 ml Ananassaft · 40 ml Limettensaft
80 ml Orangensaft · 4 cl Maracujasirup · 4 cl Grenadine
2 Orangenscheiben · Cocktailkirschen

Alle flüssigen Zutaten in einen Boston Shaker geben und mit Crushed Ice auffüllen. Kräftig schütteln und in Longdrinkgläser abseihen. Mit den Orangenscheiben und Kirschen garnieren.

Washington Apple

6 cl Canadian Whiskey · 6 cl Apfelschnaps
60 ml Cranberrysaft · 1 Apfelscheibe

Whiskey, Apfelschnaps und Cranberrysaft in ein Rührglas geben und mit Eiswürfeln auffüllen. Gut mischen und in zwei Sektschalen abseihen. Mit je einer halben Apfelscheibe garnieren.

The Yellow Hammer Slammer

6 cl Wodka · 6 cl Amaretto · 6 cl Rum · 180 ml Orangensaft · 240 ml Ananassaft · Cocktailkirschen

Alkoholika und Säfte in ein Rührglas geben und gut mischen. In Gläser füllen und mit Kirschen garnieren.

Fireball

4 cl Gin · 6 cl Orangenlikör · 2 cl Cointreau
Tonic Water · 2 Orangenscheiben

Alkoholika und einige Eiswürfel in einen Boston Shaker geben, kräftig schütteln und anschließend in Longdrinkgläser abseihen. Den Cocktail mit Tonic Water auffüllen und jeweils mit einer Orangenscheibe garnieren.

FSC
www.fsc.org
MIX
Papier | Fördert gute Waldnutzung
FSC® C144853

5 4 3 2 1 28 27 26 25 24

ISBN 978-3-7567-1012-6

Grafische Gestaltung: Amélie Graef
Redaktion: Nicola-Kim Raschdorf
Layout und Satz: Jefferson & Högerle

in der Coppenrath Verlag GmbH & Co. KG,
Hafenweg 30, 48155 Münster, Germany

www.hoelker-verlag.de